willi wills wissen

?

Die Autorin

Ulrike Gerold, geboren 1956, studierte Germanistik, Theaterwissenschaften und Kunstgeschichte an der Freien Universität Berlin. Sie arbeitete als Dramaturgin an Theatern und ist seit 1993 freie Journalistin sowie Autorin von Sachbüchern und Reisegeschichten. Zusammen mit Wolfram Hänel erhielt sie den Friedrich-Gerstäcker-Preis der Stadt Braunschweig 2003 für das Jugendbuch „Irgendwo woanders".
Sie lebt in Hannover.
www.haenel-buecher.de

Bildquellennachweis:
megaherz GmbH/TELEPOOL GmbH: S. 7 u, 11 o, 32, 36 o, 43 o
Baumhaus Verlag/Massimo Fiorito: S. 4, 8, 16, 18 u, 22 u, 33 u, 41 u, 42 u, 43 u
Corbis: S. 10, 11, 12, 25 o, 31 u, 35 o · Diana Marx/Dentist für Pferde: S. 28
Islandpferde Gestüt Oedhof: S. 36, 37 · Pixelquelle: S. 6,7 o, 9, 11, 13, 14, 15, 17, 18, 19, 20, 21, 22, 23, 24, 25 u, 26, 27, 31 o, 33, 35, 38, 39, 41, 44, 45
Reinhard Schmid: S. 19 o

Umschlagfoto: Massimo Fiorito

Vielen Dank an Willi Weitzel für die freundliche Unterstützung

© 2006 Baumhaus Verlag, Frankfurt am Main
Konzept: Götz Rohloff, Layout und Illustrationen: Suzana Brala
Lizonz durch TELEPOOL
Umschlaggestaltung: Suzana Brala
© 2006 megaherz für den Bayerischen Rundfunk
Alle Rechte vorbehalten
ISBN-10: 3-8339-2705-4
ISBN-13: 978-3-8339-2705-8

Gesamtverzeichnis schickt gern:
Baumhaus Verlag GmbH
Juliusstraße 12
60487 Frankfurt am Main

Ulrike Gerold

Willi wills wissen

Was hält die Ponys auf Trab?

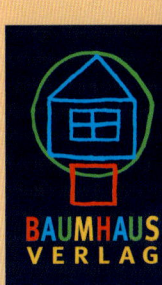
BAUMHAUS VERLAG

Die Ponys auf dem Reiterhof haben es richtig gut. Wenn sie wollen, können sie den ganzen Tag draußen an der frischen Luft verbringen.

Ankunft auf dem Gestüt

Eigentlich habe ich ja ein bisschen Angst vor Pferden. Aber heute nehme ich mal meinen ganzen Mut zusammen. Ich bin nämlich auf dem Oedhof und hier wimmelt es nur so vor Pferden.
Der Oedhof heißt Oedhof, weil er in der Einöde liegt. Die Einöde ist hier ziemlich hügelig und es gibt viele grüne Wiesen und Weiden. Das ist typisch für diese Gegend, denn ich bin in Niederbayern in der Nähe der alten Herzogsstadt Landshut bei Adlkofen und die Natur hier ist ideal, um Pferde zu halten.

Man kann hier auf dem Hof allerdings auch einfach nur Urlaub machen und die Landschft genießen und faulenzen – oder eben reiten lernen. Oder auch sein eigenes Pferd unterstellen. So öde ist die Einöde hier dann also doch nicht. Na prima.
Auf dem Oedhof gibt es alles, was man für Pferde so braucht: Ställe, eine Reithalle, mehrere Dressurplätze, einen Longierzirkel und natürlich große, grüne Weiden. 40 Hektar Weideland, um genau zu sein. Das ist unglaublich viel. Und da haben viele Pferde jede Menge Platz!

Pferde züchten

Solche Höfe gibt es viele. Ja, es gibt tausende Reiterhöfe. Auf dem Oedhof aber werden nicht nur Pferde gehalten, der Oedhof ist auch ein Gestüt. In einem Gestüt werden Pferde gezüchtet! Und hier werden nicht einfach nur irgendwelche Pferde gezüchtet, sondern Islandponys.
Die Islandponys heißen so, weil sie aus Island stammen, ist doch klar, oder?
Der Oedhof gehört Siggi und Renate Wagner. Da kommt Renate schon: „Hallo, Willi, schön, dass du da bist."
„Guten Morgen, Renate. Ein tolles Gestüt habt ihr hier. Seit wann züchtet ihr denn Islandponys?", will ich gleich mal wissen.
„Wir haben vor ungefähr 15 Jahren angefangen. Unsere Hengste und Stuten stammen alle von Ponys aus Island ab."

Ein Gestüt ist ein Betrieb, der fast immer auf dem Lande angesiedelt ist und der sich auf die Pferdezucht spezialisiert hat.

Brauche ich hier Mut?

Island

Was ist das – eine Zucht?

„Wenn man züchtet, dann bringt man die besten Stuten mit den besten Hengsten zusammen. Die paaren und vermehren sich. Und dabei heraus kommen sollen schöne, kräftige Isländerponys mit viel Temperament und Charakter", so erklärt mir Renate die Aufgabe des Oedhofs. Aber zunächst einmal sind alle einfach nur niedliche Fohlen. Die Fohlen stehen mit ihren Müttern auf einer Extraweide.

Wie die Ponys hier heißen

Die Ponys vom Oedhof haben fast alle isländische Namen. Ein Hengst heißt zum Beispiel Thórir frá Holi. Und Brengla von Flakkari ist eine Tochter von Thórir. Du merkst also schon an den Namen, dass diese Ponyrasse nicht aus Deutschland stammt, sondern von weit weg, nämlich von einer Insel, die weit oben im Norden des Atlantiks liegt – und auf der natürlich isländisch gesprochen wird! Und deshalb klingen die Namen eben auch so.

Auf der Welt leben übrigens nach Angaben der Islandpony-Zuchtverbände fast 200 000 Islandpferde, die meisten auf Island selbst. Deutschland ist danach das größte Islandpony-Zuchtland, hier leben rund 60 000 dieser Pferde.

Das ist das Pony Duna. Mit ihr werde ich reiten lernen. Jedenfalls habe ich das vor. Ob es klappt? Wir werden sehen. Ich habe gleich mal all meinen Mut zusammengenommen und es wenigstens schon mal in den Sattel geschafft. Aber nur zur Probe. Da ist vorher noch viel zu üben.

Kleine-große Pferde? Häh?

So viele Pferdegrößen

Wenn man eine Zucht mit wenigen Ponys anfängt, so werden es doch irgendwann ganz viele. Die vermehren sich ja. Ob das nicht ein bisschen eng wird, wenn alle Ponys hier auf dem Hof bleiben?
„Stimmt, Willi, es wird aber nicht eng", sagt Renate. „Viele unserer Ponys werden ja verkauft. Sie sind erfolgreich, gewinnen Wettbewerbe und Turniere und sind auch sehr beliebt bei Freizeitreitern."
„Das kann ich mir gut vorstellen, die sind ja auch nicht so groß", sage ich und denke, dass sich solche kleinen Ponys bestimmt einfacher reiten. Schon erklärt mir Renate, was große und kleine Pferde unterscheidet – außer ihrer Größe natürlich.
Die kleinen Pferde heißen nämlich Ponys. Aber die großen Pferde sind nicht alle gleich groß und die kleinen nicht alle gleich klein. Es gibt große-große und kleine-große und große-kleine und kleine-kleine. Das ist ziemlich ver-wirrend, finde ich und frage Renate: „Wie halte ich die denn auseinander? Wo hört ein Pony auf und wo beginnt das Pferd?"

Die an der Grenze heißen Kleinpferde

„Das ist gar nicht so schwer, Willi. Auch Ponys sind ja Pferde", meint Renate und erklärt mir, dass alle Pferde, deren Stockmaß über 1,47 Meter liegt, Großpferde sind. Und alle, die kleiner sind als 1,48 Meter, heißen Ponys. Und wenn sie genau an der Grenze sind, sagt man Kleinpferde.
Schon wieder etwas, was

WWW Das Urpferd – groß wie ein Hund

Die Vorfahren unserer heutigen Pferde waren ziemlich klein, nicht viel größer als ein Hund. Sie lebten vor 60 Millionen Jahren. So ewig gibt es Pferde schon! Als sich die Lebensbedingungen und die Fütterung änderten, wurde das Pferd nach und nach größer und bekam auch längere Beine.

Der Widerrist beim Pferd, das ist der erhöhte, knochige Übergang vom Hals zum Rücken.

Viele Aufgaben für die Pferde

In der Steinzeit waren Pferde noch beliebte Jagdbeute, seit 5000 bis 6000 Jahren werden sie von Menschen gehalten und als Hilfe bei der Arbeit genutzt. Bald zogen Pferde Postkutschen oder Fischern die Netze aus dem Wasser, sie zogen Baumstämme aus dem Wald oder Pflüge über das Feld und sie verfolgten sogar das Wild beim Jagen. Und je nachdem, wofür ein Pferd gebraucht wurde und wo es lebte, wurde es mit bestimmten Eigenschaften gezüchtet. Deshalb gibt es heute so viele verschiedene Pferderassen, mehrere hundert!

ich nicht verstehe. Aber das will ich wissen: „Stockmaß? Hääh? Wird denn die Pferdegröße mit Stöcken gemessen? Was für ein Stock wird denn da genommen?"
Renate lacht und sagt: „Nein, dafür nimmst du keinen Stock. Mit Stockmaß bezeichnet man die Höhe vom Boden bis zum Widerrist. Der Widerrist ist genau da, wo die Mähne am Rücken beginnt."
Das werde ich mir merken: Hals und Kopf werden also bei der Pferdegröße nicht mit eingerechnet. Na ja, das wäre ja auch nicht so einfach, wenn das Pferd seinen Kopf einzieht oder ihn weit vorstreckt.

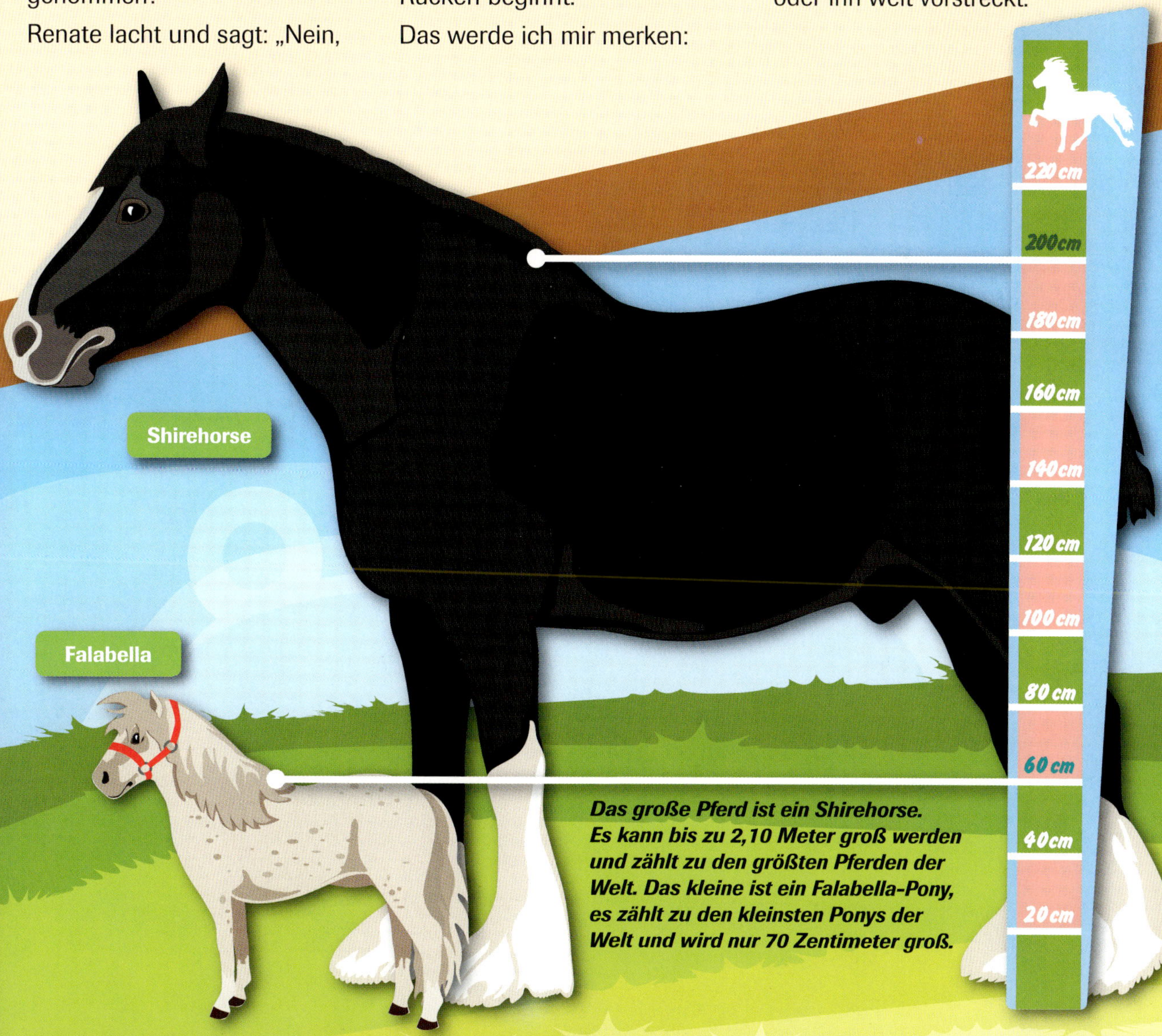

Shirehorse

Falabella

Das große Pferd ist ein Shirehorse. Es kann bis zu 2,10 Meter groß werden und zählt zu den größten Pferden der Welt. Das kleine ist ein Falabella-Pony, es zählt zu den kleinsten Ponys der Welt und wird nur 70 Zentimeter groß.

Hier werden die Pferde bei einer traditionellen andalusischen Feier von Trachtenreitern genutzt.

Für die Beduinen in Nordafrika ist das Pferd ihr größter Schatz. Sie nennen das Tier liebevoll „Sohn des Windes".

So viele Pferde- und Ponyrassen

Alle Pferde haben lange Beine und können damit schnell rennen. Sie haben Hufe, die sie über Wiesen genauso wie über harte Pflastersteine tragen. Alle Pferde haben ein Fell, das sie vor Kälte und Wärme schützt. Sie haben einen langen Hals, damit kommen sie sowohl ans Gras als auch an die Blätter von Bäumen. Pferde haben hoch sitzende seitliche Augen, damit können sie sehen, was links und rechts von ihnen passiert. Die Nüstern sind groß und saugen viel Luft ein. Die Ohren sehen aus wie bewegliche Trichter und fangen alle Geräusche ein, auch solche, die wir Menschen nicht hören können. Und sie haben einen langen Schweif, damit können sie prima die Fliegen verscheuchen.

Diese Eigenschaften sind bei allen Pferden gleich, egal ob sie nun auf einer Wiese in Deutschland stehen, in der Steppe in der Mongolei oder im kalten Island. Aber du kannst dir schon denken, dass es natürlich Unterschiede gibt. Sonst gäbe es ja nicht die vielen verschiedenen Rassen. Da wo das Gras schön saftig ist, sind die Tiere zum Beispiel größer und schwerer und fressen mehr. In der heißen Steppe dagegen sind die Pferde klein und ziemlich zäh.

„Das größte Pferd", erzählt mir Renate, „ist das englische Shirehorse. Es hat normal ein Stockmaß von über 1,80 Meter."

Laut „Guinness Buch der Rekorde" ist das größte aller Pferde der Hengst „Mammoth" gewesen. Er wurde 1846 geboren und stammte aus England. Er war 2,19 Meter groß und schwerer als andere Pferde. Der „Riese" war vermutlich ein Shirehorse. Das durchschnittliche Gewicht der Pferde liegt normal bei über einer Tonne.

Das ist schon sehr groß, denn Hals und Kopf kommen ja noch hinzu. Ok, jetzt muss es raus, ich gestehe: „Renate, habe ich dir schon gesagt, dass ich Angst vor Pferden habe? Vor allem, wenn sie so groß sind!"
„Das ist gar nicht nötig, Willi", beruhigt mich Renate, „diese Pferde werden auch gentle giants genannt, das ist englisch und heißt: sanfte Riesen.

So klein und so frech

Sie sind zwar groß, aber sehr sanftmütig. Du solltest viel mehr Respekt vor den Kleinen haben, vor den Shetlandponys zum Beispiel."
„Ach, die kenne ich, die tun doch nichts, die gehen mir ja gerade mal bis hier!", sage ich und zeige auf meinen Bauch.
„Das stimmt zwar", erwidert Renate, „ihr Stockmaß ist nur ein Meter und Shetlandponys sind auch beliebte Reitpferde für Kinder. Aber sie sind raues Klima und harte Arbeit gewöhnt und deshalb sind sie sehr kräftig. Außerdem haben sie immer ihren eigenen Kopf."

Die Familie der Pferde

Auch Zebras und Esel gehören zur Familie der Pferde. In jedem Land gibt es ganz verschiedene Pferde- und Ponyrassen. Am bekanntesten sind bei uns Warmblüter und Vollblüter, Kaltblüter, iberische oder arabische Rassen. Das Fjordpferd ist ein Pony und kommt aus Norwegen, der Haflinger von den Weiden aus Südtirol, das Connemara-Pony aus Irland und das Welsh-Pony aus England.

Esel

Zebras

Welsh-Pony

Island

Fjordpferd

Norwegen

Islandpferd

Irland *England*

Connemara-Pony

Haflinger

Südtirol (Italien)

Pferde haben gerne Freunde

Immer in Gesellschaft

„Schade", überlege ich, „so ein kleines Shetlandpony hätte ich mir gut zu Hause vorstellen können."
Renate zieht mich zur Weide hin. „Guck doch mal, Willi, siehst du hier irgendwo ein Pferd alleine stehen? Alle Pferde sind Herdentiere, auch unsere Islandponys. Sie sind von Natur aus sehr gesellig." Aha, wieder etwas, was ich mir merken muss. Pferde tun sich also gerne in Gruppen zusammen. Für wild in der Natur frei lebende Pferde ist das sogar überlebenswichtig. Ein Teil der Herde frisst und schläft, der andere Teil passt auf und kümmert sich um den Nachwuchs. In der Herde fühlen sie sich sicher und geborgen.
„Ein Pferd darfst du nicht allein halten, zwei solltest du schon mindestens haben, Willi, das ist für die Pferde einfach besser. Oder du hältst dein Pferd mit anderen zusammen auf einem Reiterhof. Pferde schließen

WWW Gemeinschaftstiere

Eine wilde Pferdeherde ist klein und beweglich. 6 bis 14, maximal 20 Pferde gehören dazu. Stuten, Fohlen, junge Pferde und ein Hengst leben zusammen. Während die Herde grasend weiterzieht, passen immer einige Tiere auf. Viele Augen und Ohren sehen und hören nun mal besser. Und bei Gefahr wird gewarnt und schnell die Flucht ergriffen.

Wilde Islandponys, sie stehen immer zusammen und sind wachsam.

Selbst das Frühstück schmeckt gemeinsam besser.

sich nämlich gern zu Paaren zusammen."
„Das ist ja wie bei Menschen." Da gibt mir Renate Recht. „Ja, so ähnlich - unter Pferden gibt es auch Freundschaften. Und zwei Tiere, die sich mögen, stehen dann eben auch häufig zusammen, Kopf an Kopf, fast als ob sie tuscheln. Sie helfen sich bei der Fellpflege und scheuchen sich gegenseitig die Fliegen weg. Pferde, die sich nicht mögen, gehen sich aus dem Weg. Ein Pferd allein aber ist einsam und traurig, es verkümmert und kann krank werden."
Ein Pferd allein zu halten ist also nicht gesund. Und, ganz ehrlich, ich bin wie du doch auch nicht gern allein, sondern lieber mit Freunden zusammen!

Wohnen in der Herde

„Aber eine Sache ist anders", sagt Renate noch, „du hast eine Wohnung und das ist dein Zuhause. Für ein Pferd ist nicht der Stall sein Zuhause, sondern seine Herde. Deshalb ist es auch wichtig, Pferde nicht immerzu aus einer Gruppe in eine andere zu stecken."
„Aber dann brauchen die Pferde uns Menschen ja gar nicht", bedauere ich.
„Na ja, zumindest ziehen sie die Gesellschaft von ihresgleichen uns Menschen vor. Aber wenn du Pferde richtig hältst, sind sie ausgeglichen und freundlich und entwickeln auch Vertrauen zu dir. Du bist dann sozusagen ein Teil der Herde."

Wenn sich zwei Ponys gefunden haben, dann haben sie sich ganz toll lieb.

Vom Paddock aus hat das Pony einen wunderschönen Ausblick auf die Weide und hier hat es auch einen tollen Auslauf.

Die richtige Haltung

Am liebsten würden Pferde mit ihrer Herde in freier Umgebung leben, so wie sie das früher getan haben. Aber Pferde fragt ja keiner. Deswegen müssen Pferde wenigstens gut behandelt werden – wie alle Tiere. Wenn du also Pferde halten willst, brauchst du zunächst mal mehrere Pferde, eine kleine Herde. Wenn du nur ein Pferd hast, solltest du es mit anderen zusammenleben lassen. Und für eine Herde braucht es viel Platz, Weidefläche. Wenn du Pferde züchten willst, wie Renate und deren Familie es tun, dann brauchst du sogar mehrere Weiden: eine für die Hengste und eine für die Stuten und ihre Fohlen und noch eine, wo dann die Jungtiere sind. Außerdem müssen die Weiden ausreichend groß sein, sonst geht das Gerangel ums Futter los. Und wenn sich zwei Pferde „nicht riechen können" – ja, das gibt es natürlich auch –, dann müssen sie genügend Abstand zueinander halten können. Ein kleiner Garten vor dem Haus in der Vorstadt reicht also nicht.

Viel Bewegung

Da haben es die Islandponys am Oedhof schon gut. Die kriegen hier nämlich alles, was sie brauchen.

Weideplatz für Hengste

Alles Gute für das Pferd!

Jetzt muss Renate aber los, sie hat noch viel zu tun. „Bis nachher, Renate", rufe ich ihr hinterher.

Dafür zeigt mir nun Steffi, die Tochter von Renate und Siggi, das Gelände mit den Ställen und Reitplätzen. Die Juniorchefin hat hier gleich nach den Inhabern das Sagen.

„Hallo, Willi", begrüßt sie mich und legt gleich los: „Pferde brauchen nicht nur Gesellschaft, sie brauchen auch Bewegung. Islandponys sind übrigens sehr robust, in Island ist es ja auch kälter als bei uns. Man kann sie deshalb auch im Winter in Offenställen halten. Und im Sommer stehen die Ponys auf der Weide. Diese Weideflächen aber müssen sich im Winter erholen, damit sie im Sommer wieder schön grün sind und viel Futter geben. Offenställe grenzen immer an einen Paddock."

Pad ... was?, denke ich und runzle die Stirn. Was ist das denn nun schon wieder? Wie viele neue Wörter höre ich hier noch?

Aber Steffi zeigt schon auf den Auslauf vor dem Stall und erklärt: „Hier können sie raus und haben Platz, um sich zu bewegen."

Paddock

Das Wort kommt aus dem Englischen. Parroc – das bedeutet: Zaun oder Koppel. Paddock bezeichnet den eingezäunten Auslauf für Pferde, der sich direkt an den Stall anschließt. Im Paddock können sich Pferde außerhalb ihrer Weidezeit bewegen.

Offenstall

Bei der Offenstallhaltung hat das Pferd oder haben die Pferde eine Box und einen abgegrenzten Bereich außerhalb des Stalls, der durch eine offene Tür direkt zu erreichen ist. So kann sich das Pferd jederzeit hin und her bewegen.

Weideplatz für Jungtiere, damit sie sich richtig austoben können

Ungestörter Weideplatz für Stute und Fohlen

So ein genüssliches Wälzen im Staubbad gehört zur Fellpflege. Der Staub im Haar speichert die Körperwärme besser, hält lästige Insekten fern und schützt zudem vor Feuchtigkeit.

Alle Sinne wach

„Steffi, sieh mal, was ist denn mit dem Pony da los? Das liegt ja auf dem Rücken und zappelt ganz doll."
Steffi lacht: „Das wälzt sich, das machen Ponys total gerne. Vor allem im Schnee, aber auch im Sand oder Staub. Hör mal, wie es dabei grummelt."
„Ach, dann ist das nur Spaß?"
„Nicht nur", sagt Steffi, „beim Wälzen reinigen sie auch die Haut von alten Haaren und Schweiß und massieren das Fell. Und die Insektenstiche jucken dann nicht mehr so. Musst du mal ausprobieren."

Mach ich aber nicht, ich finde eine richtige Dusche nämlich besser als eine Dreck-Packung oder ein Moorbad.
Steffi zeigt auf zwei Ponys. Die stehen dicht beieinander und das eine knabbert am Hals des anderen. „Das mögen Pferde unheimlich gern", sagt Steffi, „sich gegenseitig beknabbern. Sie mögen es auch gern, wenn man sie streichelt oder bürstet."

Immer auf Empfang

Oh, jetzt stellt das Pony plötzlich die Ohren auf.
„Was ist denn jetzt los?", frage ich Steffi.
„Faxi hat uns gehört", sagt sie, „Pferdeohren sind wie kleine Radarschirme, sie fangen alle Geräusche auf. Kannst du mit den Ohren wackeln? Für Pferde ist das kein Problem. Pferdeohren sind fast immer nach oben gespitzt und auf Empfang."
Kann ich leider nicht. Und wie mir Steffi jetzt erklärt, kann ich auch nicht so gut sehen wie die Ponys. Auch nicht im Dunkeln. Pferde aber können das mit ihren großen, seitlich angebrachten Augen.
„Rundumsicht", sagt Steffi.

Rundumsicht: Die Augen des Ponys liegen seitlich. Deshalb kann das Pony rundum Schauen – bis auf zwei tote Winkel: Einer liegt direkt unter der Nase der andere hinter dem Schweif.

Einäugige Sicht – rechtes Auge
Toter Winkel
Sicht mit beiden Augen
Einäugige Sicht – linkes Auge

Keine Staubdusche bitte!

Und wie ist das mit der Nase? Na klar, Pferde können auch viel besser riechen als wir. Und sie erkennen einander am Geruch, Stuten zum Beispiel ihre Fohlen. „Jedes Pferd hat seinen eigenen Geruch", sagt Steffi. „Ja, und neugierig sind sie auch", erwidere ich. Denn jetzt ist Faxi nämlich zu uns gekommen und untersucht meine Jackentasche. Sie stecken ihre Nase wohl in alles. Vor allem in Jackentaschen, in denen Karotten versteckt sind.

Schön den Überblick behalten: Pferde sind Fluchttiere. In freier Natur müssen sie eine Gefahr rechtzeitig erkennen. Dafür arbeiten alle ihre Sinne zusammen. Unbekannte Gegenstände und Geräusche werden mit Augen, Ohren, Nase, Zunge, Haaren und Haut blitzschnell wahrgenommen. Und notfalls gibt dann das Gehirn sofort den wichtigen Befehl: So schnell wie möglich weg! Und schnell sind sie.

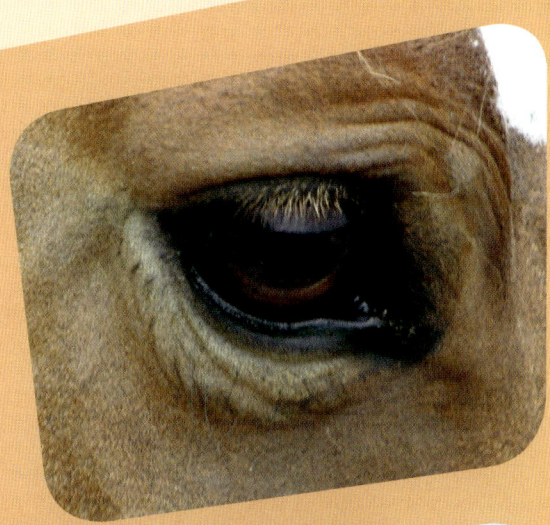

Der Durchmesser der Augen beträgt bis zu 5,5 cm – das ist fast so groß wie ein Tennisball. Allerdings sieht das Pferd die Dinge deshalb trotzdem nicht größer.

Mit der Nase im Wind kann das Pferd Angst riechen, einen Feind, Nahrung oder sogar Wasserstellen in kilometerweiter Entfernung ausmachen. Mit den Lippen und vor allem mit den Vibrissen – das sind die langen Barthaare, die sich am Ende der Nase befinden – kann es alles abtasten.

Sprichst du, Pferd?

Hui, was ist das?

Nach vorne gerichtete Ohren: Es ist aufmerksam.

Oh, Oh, das gefällt mir gar nicht!

Ein Ohr ist nach vorne gerichtet und das andere nach hinten: Es ist gespannt und skeptisch.

Ne, ne das ist mir unheimlich!

Die Ohren sind nach hinten gelegt und die Muskeln angespannt: Es traut der Situation nicht.

Soooooo laaangweilig!

Pferde haben ihre eigene Sprache

„Willst du noch mehr über die Pferdesprache wissen?", fragt Steffi. Faxi zupft mit seinen großen Lippen an meiner Jacke.

„Ich glaube, das verstehe ich jetzt auch so", sage ich und hole die Karotte für Faxi raus. Aber ich bin neugierig geworden. „Sprechen Pferde denn miteinander?", frage ich.

„Sie sprechen auch mit dir", sagt Steffi, „du musst nur versuchen zu verstehen, was sie dir mit ihren Gesten, Bewegungen und Lauten mitteilen wollen."

Faxi stupst mich an. Ja klar, anstupsen heißt: ich will noch mehr. So viel ist mir auch klar.

„Wenn Faxi die Ohren anlegt, mit dem Schweif hin- und herschlägt und den Kopf nach vorne reckt, dann solltest du ..."

„... lieber die Beine in die Hand nehmen?", rate ich.

„Richtig", lacht Steffi.

„Und wenn Pferde wiehern ...?", will ich wissen.

„Das tun sie nicht immer,

Pferdeflüstern

Die Pferdesprache ist eine Tiersprache und also eine Körpersprache. Gemeint ist die Verständigung zwischen Pferden untereinander, aber auch Menschen können mit Pferden „sprechen". Denn sie können lernen, was die Signale, die Pferde mit Mimik und Gestik aussenden, bedeuten. Besonders bekannt wurde das Thema durch den sehr erfolgreichen Film „Der Pferdeflüsterer" mit dem bekannten Schauspieler Robert Redford.

Mit einem vorsichtigen Pusten in die Nüstern kannst du das Pony begrüßen, und wenn es dich mag, merkst du, wie es zurück pustet.

Willi. Meist unterhalten sie sich lieber in ihrer Zeichensprache. Wiehern tun sie eigentlich nur, wenn wir ein Pony zum Reiten abholen oder wenn es zurückkommt, sozusagen zum Abschied und zur Begrüßung."

Pusten zur Begrüßung

Faxi aber grummelt. Das ist ziemlich eindeutig und es ist auch klar, was das Pony sagen will: Weitermachen!
Steffi krault Faxi nämlich gerade die Mähne. Grummeln ist ein freundlicher Gruß, vor allem für vertraute Menschen.

„Willst du Faxi mal begrüßen?", fragt mich Steffi.
„Ja, gern", sage ich, „was muss ich machen?"
„Puste ihm mal ganz leicht in die Nüstern", sagt Steffi und macht es mir vor, „So."
Ich puste Faxi ganz vorsichtig in die Nüstern und das Pony pustet seinen warmen Atem zurück.
„Es mag dich", meint Steffi. Ist ja auch kein Wunder, denke ich, ich hab ihn ja mit einer Karotte bestochen! Oder sollte ich besser sagen: mit der Karotte verwöhnt?

Dieses Pony hat Frühlingsgefühle und möchte so gern mit dir flirten.

WWW Wenn Pferde sich was sagen wollen
Wenn wir Menschen uns was sagen wollen, dann nutzen wir die Stimme und reden miteinander, meistens jedenfalls. Bei Pferden ist das anders. Sie benutzen die Körperhaltung, Ohrenstellung, Bewegungen mit dem Schweif und die Mimik, also den Gesichtsausdruck zum „Reden", und Wiehern oder Schnauben eigentlich eher selten. Sie können sich sogar verständigen, wenn sie weit voneinander entfernt stehen.

Das ist keine leichte Arbeit, so einen großen Misthaufen nach draußen zu bringen. Um diese Arbeit erledigen zu können, musst du schon ein paar richtig gute Muskeln und Ausdauer haben.

Mit Mistgabel und Besen

„So, ich muss jetzt zu den Ställen. Kommst du mit?"
Na klar folge ich Steffi. Ich bin ja hier, um die Arbeit auf dem Oedhof kennen zu lernen. Stallmeister Werner ist auch schon da. Mit Schubkarre und Mistgabel und Besen steht er in der Stallgasse. Alle Ponyboxen sind luftig und hell. In jeder Box gibt es einen Futtertrog und eine Wassertränke. Was aus dem Gras und Heu wird, wenn die Ponys es gefressen und verdaut haben, sieht man in der Box. Da landet das nämlich alles auf dem Boden. Und vom Boden muss die Pferdekacke in die Schubkarre und von da auf den Misthaufen.
Werner drückt mir einfach die Mistgabel in die Hand: „Hier, probier mal selbst", sagt er.

Der Boden ist ja ganz weich in der Box! Ich staune nicht schlecht.
„Ja", sagt Werner, „unsere Ponys stehen auf Gummimatten, andere Pferde stehen auf festerem Untergrund, auf Erde oder Holz, und dann wird noch Stroh eingestreut", erklärt er.

„Gummimatten wie in der Turnhalle", sage ich.
„Oder wie bei dir auf dem Teppich", lacht Werner.
„Hallo, wer ist denn das?", frage ich. Ein Ponykopf taucht im Stallfenster auf.
„Das ist Sølskin, der ist noch jung und immer neugierig,

Damit das Pony gesund bleibt, sollte es regelmäßig ausreichend Salz zu sich nehmen.

Nur 3 Stunden Schlaf?

wahrscheinlich will er bloß wissen, ob du auch alles richtig machst." Dafür ärgere ich jetzt Werner mit einem Zungenbrecher. Ich krieg es fast hin:

„Pferde mampfen dampfende Äpfel, dampfende Pferdeäpfel mampft niemand"?

Werner gibt sich Mühe, aber er schafft es nicht auf Anhieb. Versuch du es doch auch mal! Kannst du das so einfach nachsprechen? Ist eigentlich gar nicht schwer, oder?

Das ist salzig

Eines interessiert mich aber noch. „Was ist denn das da in der Ecke?", frage ich den Stallmeister. Werner zeigt auf einen weißlichen Block und fragt: „Das?" Meinst du das da? Das ist ein Salzleckstein. Das ist einfach nur Salz. Denn Salz und andere Mineralien sind ziemlich wichtig, damit die Ponys auch gut genährt sind. Zu wenig Salz macht ein Pferd müde und schlapp. Außerdem verlieren die Pferde viel Salz, wenn sie schwitzen, zum Beispiel beim Reiten. Kannst ja mal dran lecken, Willi."

„Danke, Werner, lass mal, ich esse dann doch lieber leckeres Marmeladenbrot."

Immer in Bewegung

Pferde sind den ganzen Tag in Bewegung und überhaupt keine Faulpelze. Sie sind ungefähr 17 Stunden am Tag richtig wach und brauchen oft nur 3 bis 4 Stunden Schlaf. Sie sind eben immer sehr wachsam. Manchmal dösen sie im Stehen. Und weil sie so viel Auslauf brauchen, sollten Pferde auch auf keinen Fall den ganzen Tag in der Box stehen, noch nicht mal im Winter.

Frühstück ist fertig!

Kraftfutter für Energiebündel

„Jetzt kommt das Wichtigste für die Ponys, das Füttern", sagt Werner. Er stellt die Schubkarre mit dem Heu vor den Ställen ab. „Wie viel Heu kriegen sie denn?", will ich wissen und nehme eine Hand voll.
„Na, das ist ein bisschen wenig", sagt Werner, „Islandponys sind zwar nicht so groß, aber stark und kräftig. Die können auch dich ohne weiteres tragen. Dafür brauchen sie aber eben auch genug Futter."
Werner nimmt einen Arm voll Heu und packt es dem Pony in die Futterstelle seiner Box. „So, das reicht."
„Ist das denn alles?", will ich wissen. Nur Heu scheint mir für ein Frühstück dann doch ein bisschen wenig zu sein.
„Nein, jetzt gibt's noch Kraftfutter!" Werner zeigt auf eine große Futterkiste. Der Inhalt erinnert mich an mein Frühstück zu Hause. „Das ist ja Müsli!", rufe ich. „Was ist denn da drin?"
„Alle Nährstoffe, die ein Pferd braucht. Pferde sind nun mal Energiebündel und ihre Hauptbeschäftigung ist das Fressen."

Schokolade verboten

Das Müsli hier ist aus Mais, Hafer, Gerste ...", zählt Werner auf. „Und Cornflakes", füge ich schnell hinzu. „Gibt es einen Trick?", will ich dann wissen. „Ich würde dem Pony das Müsli

Füttern ist jetzt erlaubt, aber bitte nur gesundes Fressen, also etwas Obst und leckeres Gemüse – das kann nicht schaden.

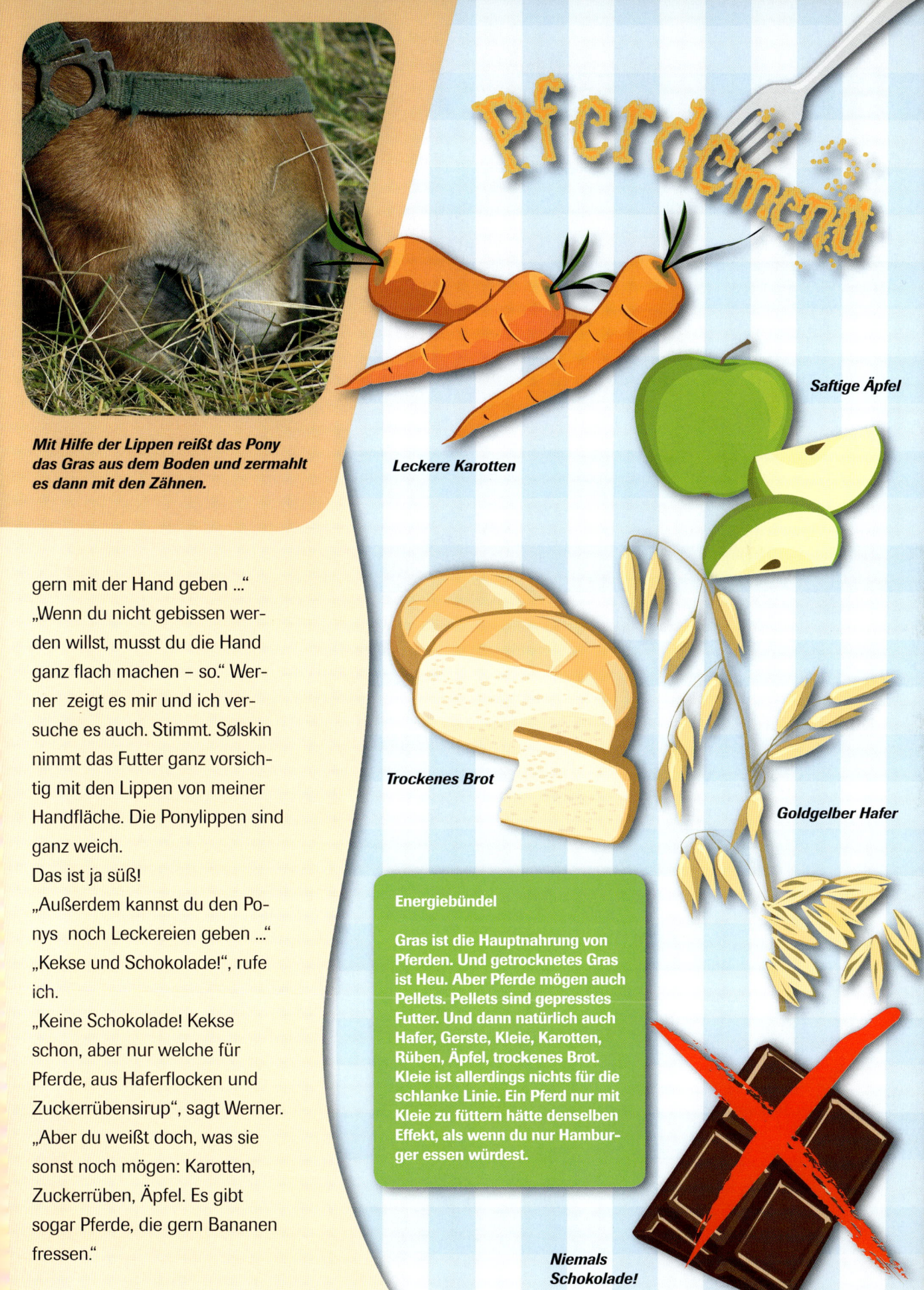

Pferdemenü

Mit Hilfe der Lippen reißt das Pony das Gras aus dem Boden und zermahlt es dann mit den Zähnen.

Leckere Karotten

Saftige Äpfel

Trockenes Brot

Goldgelber Hafer

Niemals Schokolade!

gern mit der Hand geben ..."
„Wenn du nicht gebissen werden willst, musst du die Hand ganz flach machen – so." Werner zeigt es mir und ich versuche es auch. Stimmt. Sølskin nimmt das Futter ganz vorsichtig mit den Lippen von meiner Handfläche. Die Ponylippen sind ganz weich.
Das ist ja süß!
„Außerdem kannst du den Ponys noch Leckereien geben ..."
„Kekse und Schokolade!", rufe ich.
„Keine Schokolade! Kekse schon, aber nur welche für Pferde, aus Haferflocken und Zuckerrübensirup", sagt Werner.
„Aber du weißt doch, was sie sonst noch mögen: Karotten, Zuckerrüben, Äpfel. Es gibt sogar Pferde, die gern Bananen fressen."

Energiebündel

Gras ist die Hauptnahrung von Pferden. Und getrocknetes Gras ist Heu. Aber Pferde mögen auch Pellets. Pellets sind gepresstes Futter. Und dann natürlich auch Hafer, Gerste, Kleie, Karotten, Rüben, Äpfel, trockenes Brot. Kleie ist allerdings nichts für die schlanke Linie. Ein Pferd nur mit Kleie zu füttern hätte denselben Effekt, als wenn du nur Hamburger essen würdest.

6 Eimer Wasser am Tag!

Kontrollgang auf der Weide

„Machen wir jetzt endlich Frühstückspause?", frage ich Werner.
„Noch lange nicht", sagt er, „ich muss noch Pferde füttern und du kannst ja mit Jessica inzwischen die Weide kontrollieren." Klar, das mache ich. Jessica arbeitet auch auf dem Gestüt und nimmt mich auf dem kleinen Traktor mit raus auf die Koppel mit den Mutterstuten und deren Fohlen.
Als Erstes müssen die Tränken überprüft werden. Jessica will sehen, ob die Ponys noch genug Wasser haben. Die Tränken sehen aus wie ein großer Tank mit einem kleinen Napf, in den die Ponys nur ihr Maul zu drücken brauchen, schon sprudelt ihnen Wasser entgegen.
„Wie viel trinken die Ponys denn?", will ich von Jessica wissen.
„Das kommt darauf an, wie warm es ist", sagt mir Jessica, „so 20 bis 60 Liter am Tag!"
„60 Liter! Whow, das sind ja 6 Eimer Wasser. Das ist nicht trinken, das ist saufen!"
Aber die Pferde brauchen nun mal so viel, erklärt Jessica und kontrolliert jetzt, ob die Zäune in Ordnung sind und wie viel Gras für die Ponys noch übrig ist. Ist die Weide abgefressen, werden die Ponys auf die nächste gestellt.
„Und jetzt müssen wir noch sehen, ob alle Ponys gesund sind", sagt Jessica.

Die Weide wechseln

Ist das Gras auf einer Weide abgefressen, kommen die Ponys auf eine andere. So kann das abgefressene Gras wieder nachwachsen. Pro Pony rechnet man etwa 5000 Quadratmeter Weidefläche, erklärt mir Jessica. Diese Fläche reicht dann sowohl zum Abweiden wie zum Heumachen für die Fütterung im Winter. Und sie ist groß.

Kaltblut - Warmblut

Übrigens haben auch die Kaltblutpferde die gleiche Temperatur. Kaltblutpferde sind die großen, schweren Rassen. Die Bezeichnung hat nämlich nichts mit der Temperatur zu tun, sondern mit dem Temperament. Kaltblutpferde sind im Gegensatz zu den Warmblutpferden einfach ruhiger und „kaltschnäuziger".

Kaltblüter sind nicht aus der Ruhe zu bringen, hier ziehen sie die Festkutsche durch die Menschenmassen beim Oktoberfest.

Sechs Eimer Wasser! Stell dir das mal vor: Allein in einen Eimer passt die Menge von zehn Flaschen Cola oder Fanta!

Pferdetemperatur

Gerade wälzt sich wieder ein Pferd. „Das juckt sich", sagt Jessica, „Kolbra hat nämlich eine Allergie gegen die Kribbelmücke. Die gibt es in Island nicht. Aber zum Glück habe ich eine Salbe, die kühlt und heilt und hält die Mücken fern. Halt, Willi, die ist nicht für dich!" Jessica zeigt mir, wo ich die Salbe einmassieren soll. „Hier, am Mähnenkamm. So, jetzt hat sie wieder Ruhe. Jetzt muss ich bei Ada nur noch Fieber messen. Zur Kontrolle, sie war krank. Willi, halt mal den Schweif weg."

„Wie hoch ist denn die Temperatur bei Pferden?", frage ich Jessica, die gerade auf das Fieberthermometer guckt. Ein ganz normales Fieberthermometer, wie auch wir es benutzen.

„So zwischen 37,5 und 38,2 Grad Celsius, bei Fohlen etwas höher", antwortet Jessica. Pferde sind also ein bisschen wärmer als ein Mensch.

Warmblüter sind sehr beliebte Reit- und Springpferde und oft bei Turnieren dabei.

Das Fohlen ist noch etwas wackelig auf den Beinen. Aber die Mama passt natürlich gut auf, dass nichts passiert.

Ein Fohlen ist geboren

Jessica zeigt jetzt auf ein weißes Pferd.
„Das ist ein Schimmel", sage ich und bin sehr zufrieden mit mir - was ich so alles weiß.
„Stimmt, aber sag bloß nie, ‚weißer Schimmel', ein weißes Pferd und ein Schimmel ist nämlich dasselbe!" Und dann fragt Jessica: „Siehst du ihr Fohlen?" Sie zeigt auf das kleine langbeinige Wesen neben der Schimmelstute.
„Aber das Fohlen ist doch ganz dunkel!", wende ich ein.

„Ja, aber das bleibt nicht so. Schimmel werden dunkel geboren und mit jedem Jahr heller", klärt mich Jessica auf.
„Hör mal, Jessica, ich hab hier noch eine Karotte, kann ich dem Fohlen ..."
„Nein", entgegnet Renate, die in dem Moment dazukommt, „Karotten können sie noch nicht fressen, das schaffen die kleinen Zähne noch nicht. Sie knabbern zwar schon ein bisschen Gras, aber eigentlich trinken sie nur Muttermilch. Die schmeckt übrigens gut!"

Nur gute Tiere kommen zusammen

„Wie alt sind die Fohlen hier denn so?", will ich jetzt wissen.
„Unser ältestes Fohlen auf dieser Weide ist zwei Monate."
„Und das Kleine da, das da schläft?", frage ich Renate.
„Das ist gerade eine Woche alt, ein Mädchen, sieh mal, jetzt steht es auf, du kannst es streicheln, es ist ganz zutraulich."
Das mache ich, ich streichle das Pony. Oh, wie gut sich das anfühlt! Richtig weich und zart!
„Sag mal, wo sind eigentlich

Die gute Kinderstube

die Väter von den Fohlen, also die Hengste, meine ich?"
Die Hengste stehen auf einer anderen Weide, erklärt Renate. Die Aufgabe des Oedhofs ist es ja, gute Reitpferde zu züchten. Und da lässt man nur die besten Stuten mit den besten Hengsten zusammen. „Stell dir mal vor", sagt sie, „wir würden alle beieinander lassen, da wüssten wir nicht, von wem das Fohlen abstammt, und es gäbe gleich wieder neuen Nachwuchs. Überhaupt ist es für die Stute besser, nur alle zwei Jahre gedeckt zu werden. So nennt man das, wenn Hengst und Stute zum Paaren zusammengebracht werden."

www Die ersten Monate

Bis ein kleines Fohlen geboren wird, dauert es länger als beim Menschen, nämlich 10 bis 11 Monate. Sechs Monate nach der Geburt sieht das Fohlen dann schon wie ein richtiges Pferd aus. Und mit zwei bis drei Jahren kann es dann schon selber wieder Fohlen kriegen oder als Reitpferd ausgebildet werden. Übrigens kann ein Fohlen, wenn es auf die Welt kommt, schon sehr bald aufstehen und laufen.

Zahnarzttermin zur Vorsorge

Zur Vorsorge kommt regelmäßig die Tierärztin auf den Hof. Diesmal guckt sie, ob die Zähne in Ordnung sind. Das macht sie alle sechs Monate. Das Pony muss das Maul aufsperren, und weil es das nicht gern von alleine tut, gibt es das Maulgatter, erklärt mir Steffi, das sieht aus wie eine Spange.
„Hat das Pferd denn schiefe Zähne?", frage ich verwundert. „Nein, du wirst gleich sehen, wie es funktioniert", sagt Steffi. Ach so, jetzt kann das Pony das Maul nicht mehr zumachen, ich verstehe, und die Tierärztin kann sich in Ruhe die Zähne ansehen! Dazu hält sie auch die Zunge fest.

„Tut das nicht weh?", will ich wissen.
„Nein, gar nicht, ein bisschen unangenehm ist es so mit offenem Maul. Aber es dauert ja nicht lange. Siehst du, Willi, schon erledigt, hier ist alles in Ordnung", sagt sie.

Gebissform

„Pferde sind Pflanzenfresser. Sie haben gute Schneide- und Mahlzähne. Mit den Lippen und Schneidezähnen rupfen und beißen sie das Gras ab und mit den Backenzähnen wird es klein gemahlen."
Mir fällt da ein Sprichwort ein: Einem geschenkten Gaul schaut man nicht ins Maul. Vielleicht weiß die Tierärztin, was das bedeuten soll. Tatsächlich! Ich erfahre, dass man an den Zähnen erkennen kann, wie alt ein Pferd ist und ob es gesund ist. Das Sprichwort meint also, dass man, wenn man etwas geschenkt bekommt, besser nicht nachschaut, ob das Geschenk eventuell Fehler hat. Andere meinen auch, es bedeute, dass man dankbar sein soll, wenn man etwas geschenkt bekommt, und nicht daran rummäkeln oder nach dem Preis fragen sollte.
„Pferde haben

Wie alt werden Pferde?

Großpferde werden etwa 30 Jahre alt, Ponys sogar bis zu 50 Jahre. Das älteste bekannte Pferd soll mal 62 Jahre alt geworden sein. Das Lebensalter ist von Rasse, Haltungsbedingungen und der Nutzung abhängig.

Sieh dir mal diesen Pferdeschädel an, da kannst du richtig gut sehn wie die Zähne im Pferdekiefer stehn.

Dem Pony werden hier gerade die Zähne geraspelt, damit sie schön in Form bleiben. Solche Vorsorge- und Pflegemaßnahmen sind wichtig, damit sich die Tiere auch weiterhin gut ernähren können.

Au Backe!

Milch und Milchzähne

Bei der Geburt
hat ein Fohlen noch keine Zähne.
Es trinkt ja auch erst einmal nur Muttermilch.

Nach 10 Tagen
kommen die ersten Milchzähne durch.

Mit 6 Wochen
fressen die Fohlen dann auch schon Gras.

In 6 bis 12 Monaten
sind alle Zähne da, dann gibt's auch keine Milch mehr.

Genau wie bei uns Menschen werden die Zähne auch bei Pferden im Alter schlechter. Das Kauen fällt ihnen schwerer und sie mögen lieber Äpfel als Karotten.

zunächst wie Kinder auch ein Milchgebiss und das muss etwa 2 Jahre halten, dann kommen die zweiten Zähne."
„Und woran siehst du das?", will ich wissen.
„Man kann das Alter grob an der Zahnwölbung abschätzen. Die ist am Anfang relativ gerade und wird mit zunehmendem Alter immer spitzer. Hier, dieses ist noch ganz gerade, das ist ein junges Pferd mit einem Zangengebiss. Ein altes Pferd hat ein Winkelgebiss."
Wenn man also ein Pferd geschenkt bekommt, dann soll man sich freuen und nicht nach dem Alter fragen?
„Ja, so ungefähr", sagt Steffi, „aber nur wenn du genug Zeit hast und Platz und Geld für Futter und Tierarzt ..."

Pferdejahre | Die Gebissform

bis 8

Ein Zangengebiss, es sieht wirklich fast aus wie eine Werkzeugzange.

etwa 15

Mit dem Alter verformt sich das Gebiss nach vorne.

etwa 25

Winkelgebiss: Bei alten Pferden steht das Gebiss im starken Winkel.

Da schlägt der Puls 40

Vorbeugen ist besser als heilen

Da wir Menschen die Pferde zu unseren Gefährten gemacht haben, sind wir auch für ihr Wohlergehen verantwortlich. Nur mit einem gesunden Pferd macht das Reiten Spaß. Bei der Ponyhaltung sind viel Bewegung, reichlich Auslauf auf der Weide und das Leben in der Gruppe wichtig, außerdem eine gute Ernährung mit allen nützlichen Nährstoffen. Zur Gesundheitskontrolle gehört übrigens auch das Pulsmessen.

„Na", fragt mich Steffi, „weißt du, wie viel Schläge pro Minute bei dir normal sind?"
Ich überlege. „60, glaube ich ..."
„Bei Pferden ist das etwas weniger", sagt Steffi.
„Bei jüngeren Pferden sind 40 bis 60 Pulsschläge normal, ausgewachsene Pferde haben einen Puls von 28 bis 40 Schlägen und Stuten etwas mehr als ein Hengst."
Bei der Gesundheitskontrolle fallen also Veränderungen am oder im Körper auf. Manche sind harmlos, bei anderen aber sollte man den Tierarzt holen. „Ein guter Tierarzt ist da Gold wert, so wie unsere Tierärztin

Ein Pferd ist krank

Leider kann ein Pferd ja nicht einfach sagen: „Mir tut mein Bauch weh." Der Tierarzt muss also herausfinden, was los ist und warum das Pferd den Kopf teilnahmslos hängen lässt, nicht auf allen vier Beinen stehen mag oder hustet und Fieber hat.
Pferde können sogar eine Heuallergie haben. Wenn du selber Heuschnupfen hast, dann weißt du ja, wie das ist. Bei einer Heuallergie wird das zu fütternde Heu nass gemacht, dann muss das Pferd nicht so viel Staub einatmen und nicht so viel husten.

Husten

Das Pony ist allergisch gegen kleine Schimmelsporen, die im Stroh oder Heu vorkommen können, oder es hat sich ein Virus eingefangen.

Koliken sind ein Notfall

Es kratzt sich, rollt sich, schaut auf seine Flanken. Das Pferd hat Bauchschmerzen. Koliken sind sehr ernst zu nehmen.

Stumpfes Fell, Krusten

Vieleicht hat es eine Allergie, die von Insektenstichen hervorgerufen werden kann, oder es hat Läuse.

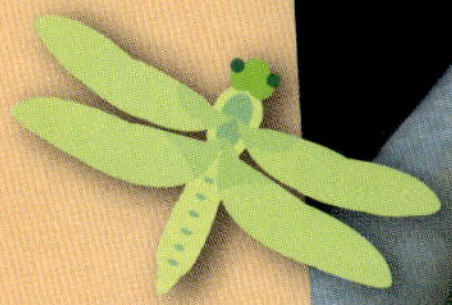

Das Pferd hier hat eine Insektenallergie und muss deshalb einen Schutzmantel tragen. Wenn es dann wieder gesund ist, kommt die Kapuze natürlich wieder ab.

auf dem Oedhof. Da sie regelmäßig hier ist, kennen die Ponys sie auch und haben keine Angst vor ihr", sagt Steffi. „Was ist denn das Schlimmste für ein Pferd?", will ich noch wissen.
„Wenn ein Pferd krank ist, ist es immer schlimm", antwortet Steffi. „Am schmerzhaftesten aber ist eine Kolik, richtige Bauchschmerzen. Lässt sich daran erkennen, wenn ein Pferd sich wälzt und versucht, sich in den Bauch zu treten. Die Kolik kriegt es zum Beispiel, wenn es zu viel gefressen hat und sich wenig bewegt. Da kann nur der Tierarzt helfen."
„Passiert das oft?", frage ich. „Hier bei uns nicht", meint sie, „man muss aber immer gut aufpassen, vor allem im Frühjahr, wenn die Ponys wieder auf die Weide kommen und das Gras sehr nährreich und saftig lecker ist. Wenn wir Menschen zu viel Süßigkeiten essen, kriegen wir ja auch schon mal Bauchweh."

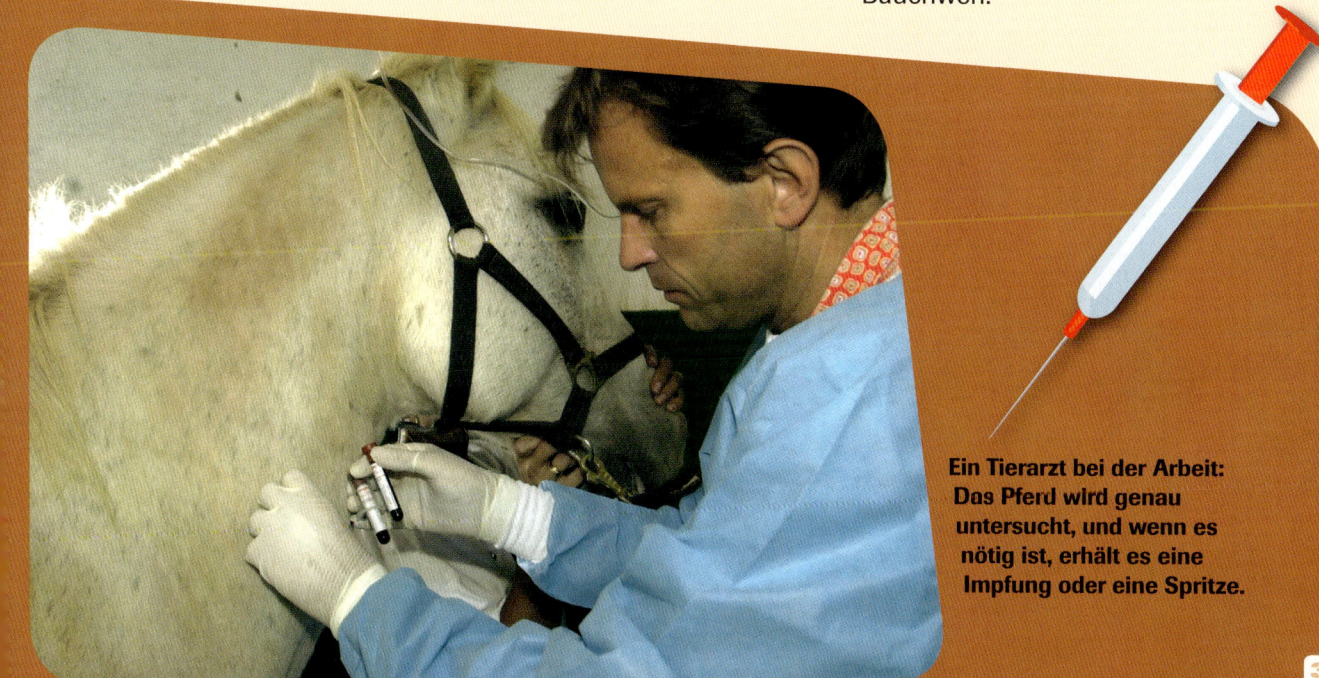

Ein Tierarzt bei der Arbeit: Das Pferd wird genau untersucht, und wenn es nötig ist, erhält es eine Impfung oder eine Spritze.

Pony beim Schuster!

Weil Willi auch immer in Bewegung ist, bekommt er vom Hufschmied gleich mal Hufe verpasst.

Beim Hufschmied

Öfter noch als der Tierarzt kommt der Hufschmied auf den Oedhof. Weil die Ponys sich fast immer bewegen, Tag und Nacht, sind die Hufe besonders wichtig. Sie tragen ja das gesamte Gewicht des Ponys und das sind bei einem Islandpony so um die 400 Kilogramm. Das ist immerhin viermal so schwer wie ein großer und kräftiger 100-Kilo-Mann wiegt, ein Boxer zum Beispiel.

In der Natur regeln sich das Wachstum und die Abnutzung der Hufe von selbst, die Pferde laufen barfuß. Aber weil bei uns in den Orten viele Wege geteert oder geschottert sind und überall kleine Steine liegen, brauchen Pferde „Schuhe". Genau wie wir Menschen.

Und deshalb ist jetzt auch der Bertel da. Bertel ist Hufschmied. Ein Hufschmied ist ein Schuster für Pferde. Bertel will Sitor Schuhe anpassen. Zuerst nimmt er ein halbwegs passendes Hufeisen. Jedes Pferd hat einen anderen Huf, erfahre ich, es gibt härtere und weichere, breitere und schmalere, steile und flache. Na klar, unsere Füße sind ja auch nicht alle gleich groß und breit. Stimmt's, du Plattfußindianer? Nicht ärgern, war ein Spaß.

Hufeisen anpassen

Das Hufeisen jedenfalls wird über einem Feuer erhitzt, bis es glüht, und dann so geformt, dass es Sitor passt. Der hält ganz still. Obwohl es zischt und ein bisschen stinkt.

„Das tut ihm also gar nicht weh?", will ich von Bertel wissen.

„Nein", sagt der, „der Huf ist aus Horn und also nicht empfindlich. Es tut ja auch nicht weh, wenn wir unsere Fingernägel schneiden."

Bertel hält mir die Zange mit dem glühenden Hufeisen hin. „Hier, kühl mal ab." Ich halte das Eisen ins kalte Wasser. Das zischt und raucht wie beim Bleigießen zu Silvester, das Eisen wird mehrmals ins Wasser getaucht.

Bevor Bertel Sitor beschlägt, wird der Huf mit dem Hufmesser gereinigt und be-

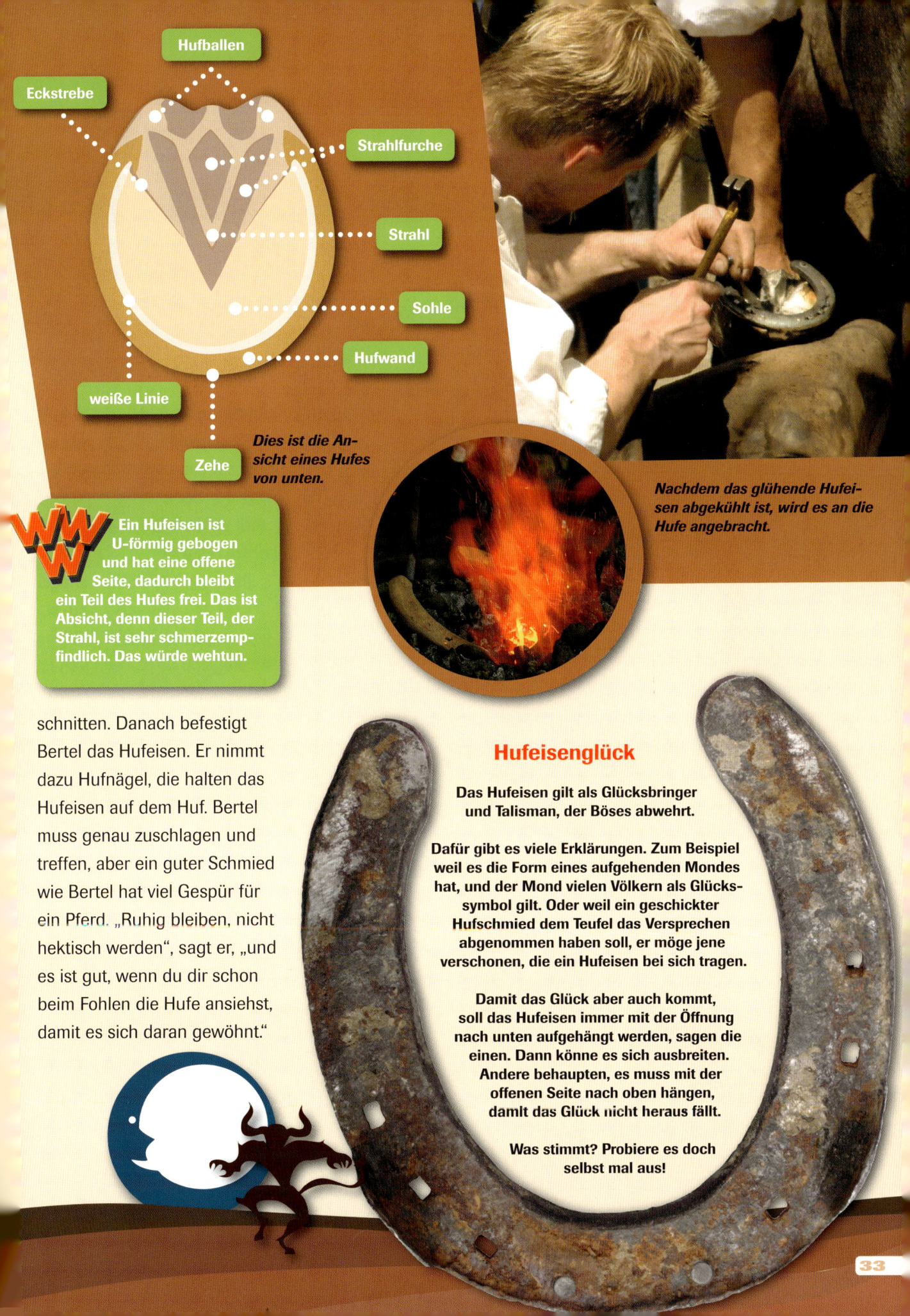

Eckstrebe · Hufballen · Strahlfurche · Strahl · Sohle · Hufwand · weiße Linie · Zehe

Dies ist die Ansicht eines Hufes von unten.

Nachdem das glühende Hufeisen abgekühlt ist, wird es an die Hufe angebracht.

WWW Ein Hufeisen ist U-förmig gebogen und hat eine offene Seite, dadurch bleibt ein Teil des Hufes frei. Das ist Absicht, denn dieser Teil, der Strahl, ist sehr schmerzempfindlich. Das würde wehtun.

schnitten. Danach befestigt Bertel das Hufeisen. Er nimmt dazu Hufnägel, die halten das Hufeisen auf dem Huf. Bertel muss genau zuschlagen und treffen, aber ein guter Schmied wie Bertel hat viel Gespür für ein Pferd. „Ruhig bleiben, nicht hektisch werden", sagt er, „und es ist gut, wenn du dir schon beim Fohlen die Hufe ansiehst, damit es sich daran gewöhnt."

Hufeisenglück

Das Hufeisen gilt als Glücksbringer und Talisman, der Böses abwehrt.

Dafür gibt es viele Erklärungen. Zum Beispiel weil es die Form eines aufgehenden Mondes hat, und der Mond vielen Völkern als Glückssymbol gilt. Oder weil ein geschickter Hufschmied dem Teufel das Versprechen abgenommen haben soll, er möge jene verschonen, die ein Hufeisen bei sich tragen.

Damit das Glück aber auch kommt, soll das Hufeisen immer mit der Öffnung nach unten aufgehängt werden, sagen die einen. Dann könne es sich ausbreiten. Andere behaupten, es muss mit der offenen Seite nach oben hängen, damit das Glück nicht heraus fällt.

Was stimmt? Probiere es doch selbst mal aus!

Piaffe? Piaffe!

Wie laufen die Ponys?

Steffi kommt in die Schmiede. Sie hat einen Sattel unter dem Arm. „Na, Willi, hast du Lust, auch mal zu reiten?"
Lust habe ich schon, aber ob ich es auch kann? Zunächst erklärt mir Steffi, wie ein Pony läuft, die Gangarten also. Es kann langsam und schnell laufen, klar. Dann sagt man, es geht im Schritt oder es trabt. Es kann auch sehr schnell laufen. Dann galoppiert es. Steffi und der Islandhengst Ötzi führen mir die Gangarten vor. Und ich gehe einfach mal nebenher.

Los geht's im Schritt. Schritt ist die langsamste Gangart. Das Pferd hat immer zwei oder drei Beine am Boden. Links vorne – rechts hinten – rechts vorne – links hinten. Da kann ich noch ganz locker mitgehen. Und Ötzi nickt mit seinem Kopf im Takt der Schritte.
Schritt wird vor allem geritten, wenn lange Ritte angesagt sind. Oder wenn das Pferd sich erholen soll, also wenn es vorher schnell gerannt ist. Im Schritt lässt man ein Pferd auch gehen, wenn es sich abkühlen soll, nach einem anstrengenden Ausritt zum Beispiel. Übrigens sollte ein Pferd nie verschwitzt in den Stall gestellt werden, erfahre ich. Denn auch Pferde können sich erkälten.

Den 3. „Gang" schalten

Jetzt beginnt Steffi mit Ötzi zu traben. Da komme ich schon aus der Puste, als ich versuche, mit dem Hengst mitzuhalten.

Schritt

Trab

Beim Trabrennen geht es schon ziemlich schnell zu und nicht nur die Pferde müssen sich anstrengen.

Zwei Pferde toben im Galopp über die Weide.

Den Trab erkennt man daran, dass ein Vorderfuß und der diagonal dazugehörige Hinterfuß zugleich aufgesetzt werden. Mindestens ein Vorder- oder Hinterfuß berührt also immer den Boden. Der Trab ist eine gesprungene Gangart. Das lässt sich gut erkennen. Steffi wird bei der Sprungphase richtig aus dem Sattel „geworfen", immer rauf und runter.

Jetzt schaltet Steffi plötzlich in den dritten „Gang". Galopp ist viel schneller als Trab. Deshalb ist Galopp auch nichts für Anfänger. Für mich erst recht nicht, ich komme nämlich nicht mehr mit. Auch beim Galopp springt das Pferd. Es setzt fast gleichzeitig das rechte hintere und das rechte vordere Bein auf und wechselt dann auf links hinten und links vorne. Dazwischen bewegt es sich in der Luft. Für den Reiter ist der Galopp bequemer als der Trab, weil er dabei nicht so rauf- und runterhüpft.

www Trabrennen

Beim Pferdesport ist der Trab eine wichtige Gangart. Beim Trabrennen dürfen Pferde nur traben, das jedoch ganz schnell. Wenn das Pferd aber – weil es ja schnell sein will – zu galoppieren beginnt, wird es disqualifiziert, scheidet also aus. Im Unterschied dazu sind beim Galopprennen alle Gangarten erlaubt.

Das Piaffieren

Beim Dressurreiten müssen Pferde manchmal nur auf der Stelle traben, da dürfen sie dann nicht oder nur ganz wenig vorwärts kommen. Das nennt man Piaffe, es gehört zur hohen Schule der Dressur.

Galopp

Steffi und ihr Islandpony, hochkonzentriert beim Tölt.

Willi hat sich schon mal aufs Pony geschwungen, und gleich darf er seine ersten Runden reiten.

Islandponys können sogar Tölt und Pass

Islandponys haben zwei „Gänge" mehr drauf als die anderen Pferde: den Tölt und den Pass. „Jetzt kommt der Tölt", ruft Steffi. „Pass gut auf!"
Da bin ich echt gespannt. Steffi erklärt: „Ich reite erst langsam und dann schneller. Beim Tölt geht nämlich beides. Und achte darauf, wie ich sitze. Beim Tölt geht's nicht so hoch und runter wie beim Trab. Ich sitze ganz ruhig."

Los geht's ganz langsam, dann wird Steffi schneller und noch ein bisschen schneller und dann noch schneller. Und tatsächlich. Steffi hüpft im Sattel gar nicht hoch und runter. Toll, der Tölt!
Der Tölt kann also vom Schritt- bis zum Galopptempo geritten werden. Dabei ist die Fußfolge ähnlich wie beim Schritt: hinten links, vorne links, hinten rechts, vorne rechts. Tölt ist aber keine schreitende, sondern eine gelaufene Gangart. Das Pony belastet jeden Fuß nur kurz und zieht seine Beine dann schnell wieder hoch. Das ist für den Reiter angenehm und rückenschonend.
Man sitzt fast so gemütlich wie auf einem Sofa.

Der 5. „Gang"

Den Schritt habe ich jetzt gesehen, ebenso Trab und

www Der Tölt

Den Islandponys ist der Tölt angeboren. Den können auch schon die Fohlen. Früher konnten fast alle europäischen Pferderassen den Tölt. Im Mittelalter wurden Pferde, die tölten konnten, Zelter genannt. Zelter waren besonders bei Frauen beliebt, weil man so schön bequem auf ihnen saß.

Auch beim Rennpass machen Pferd und Reiterin eine perfekte Figur.

Toll, der Tölt!

Galopp und Tölt. Jetzt kommt der fünfte Gang.
„Das ist der Pass oder Rennpass, wie er auch genannt wird", sagt Steffi.
„Na, dann los", fordere ich Steffi auf. Aber erst muss Steffi das Pony wechseln. Ötzi ist nämlich ein Viergänger, der kann nur tölten. Blåtor dagegen ist ein Fünfgänger.
Mit Blåtor zeigt Steffi mir jetzt den Rennpass.

„Du hast ja richtig Staub aufgewirbelt, Steffi! Whow, du warst wirklich schnell."
Nach einer kleinen Runde ist Steffi wieder bei mir angekommen.
„Ja", sagt sie, „das war gar nicht so schlecht. Die schnellsten Islandponys können bis zu 45 Kilometer pro Stunde schnell rennen."
Ich rechne. Das bedeutet ja 8 Sekunden auf 100 Meter!

Ich halte meine Hand unter Blåtors Nüstern, sein Atem ist ganz heiß.
„Die Pass-Gangart ist für die Pferde sehr anstrengend", erklärt Steffi, „deshalb reitet man sie auch nur auf kurzen Strecken und nicht zu oft."
„Das ist meine Lieblingsgangart", sage ich, „wenn's kein Pony wäre, hätte ich gesagt: Der geht ja ab wie Schmidts Katze!"

Der Rennpass

Den fünften „Gang" können nur Islandponys und auch nicht alle. Islandponys, die den Rennpass können, haben viel Temperament. Beim Rennpass berühren jeweils die Beine einer Seite gleichzeitig den Boden. Dazwischen liegt eine kurze Flugphase, in der wird der Boden gar nicht berührt. Klingt kompliziert. Kein Wunder also, dass das nicht jedes Pony kann.

Insel Island – cool!

Schecke • Palomino • Fuchs • Brauner

Wie kamen die Ponys auf die Insel?

„Islandponys sind wirklich was Besonderes!", sage ich zu Steffi. „Ja, sicher. Die meisten Pferde sind Dreigänger, können also Schritt, Trab, Galopp. Islandponys aber sind Vier- oder gar Fünfgänger", fasst Steffi noch mal zusammen, sie können also ein oder zwei Gangarten mehr. „Die Ponyväter heißen übrigens so Thórir oder Funi oder Skáti oder Nasi oder Borgar. Das sind alles isländische Namen."

Islandponys sind zwischen 1,30 und 1,45 Meter groß. Auf dem Oedhof kann man viele unterschiedliche Typen und verschiedene Farben sehen. Es gibt schwarze und braune Ponys, Füchse, Schimmel, Falben und Schecken. Füchse haben ein fuchsfarbenes Fell, kann man sich ja denken. Schimmel sind weiß, das weiß ja jeder. Ein Falbe ist gelbbraun und ein Schecke hat große, unregelmäßige weiße Flecken auf der Grundfarbe.

Rappe

WWW Du glaubst gar nicht, in wie vielen Farben es Pferde gibt, manche sind sogar zweifarbig. Auch ein braunes Pferd ist nicht einfach braun, es ist braun, hellbraun oder rotbraun, dunkelbraun oder schwarzbraun. Und ein Schimmel ist nicht einfach nur weiß, je nach Art der Tönung unterscheidet man Fuchsschimmel, Rotschimmel, Braunschimmel, Rappschimmel und Blauschimmel – ja, der heißt so wie der Käse. Es gibt auch einen Apfelschimmel! Dann gibt es den Fuchs, den Rotfuchs und den Dunkelfuchs und eben Falben und Schecken. Der Rappe ist ganz schwarz und ein isabellfarbenes Pferd ist hell- bis goldgelb.

Island

Island ist eine Insel mitten im Nordatlantik, ziemlich nahe am nördlichen Polarkreis. Es gibt nur 269 000 Isländer, das sind gerade mal so viele Leute, wie in einer mittelgroßen deutschen Stadt wohnen. Die meisten Isländer leben in der Hauptstadt Reykjavík. Island hat viele Gletscher und Vulkane und wurde vor über tausend Jahren von den Wikingern entdeckt und besiedelt. Die Wikinger kamen mit Drachenbooten aus Norwegen und brachten ihre eigenen Pferde mit. Diese Pferde fühlten sich hier sehr wohl und sie wurden bald Islandponys genannt.

Eine isländische Kleinstadt vor einem Vulkan

Ein Wikinger – für Touristen ...

Ein Naturwunder: Wasserfall

Robuste Ponys

Islandponys sind immer stark und kräftig. Obwohl sie recht klein sind, können Islandponys auch mühelos Erwachsene über weite Strecken tragen. Auf der Insel Island waren sie früher eigentlich das einzige Transportmittel, selbst als es schon Fahrräder und Autos gab, wurden sie genutzt, denn Island ist ziemlich sumpfig und unwegsam.

Auf Island werden die Ponys von klein auf in der Herde gehalten und leben fast die ganze Zeit im Freien. Dadurch sind sie raues Klima gewöhnt – denn auf der Insel ist es kälter und windiger als bei uns. Die Ponys haben dichtes Fell und üppige Mähnen und Schweife, die sie auch vor schlechtem Wetter schützen. Manche Islandponys sind ziemlich temperamentvoll, andere sind ruhig und ausgeglichen. Eines haben sie jedoch alle gemeinsam: Sie sind sehr freundlich. Daher sind Islandponys auch ideale Reitpferde. „Siehst du", sagt Steffi, „und deshalb züchten wir auf dem Oedhof die Islandponys auch so gern."

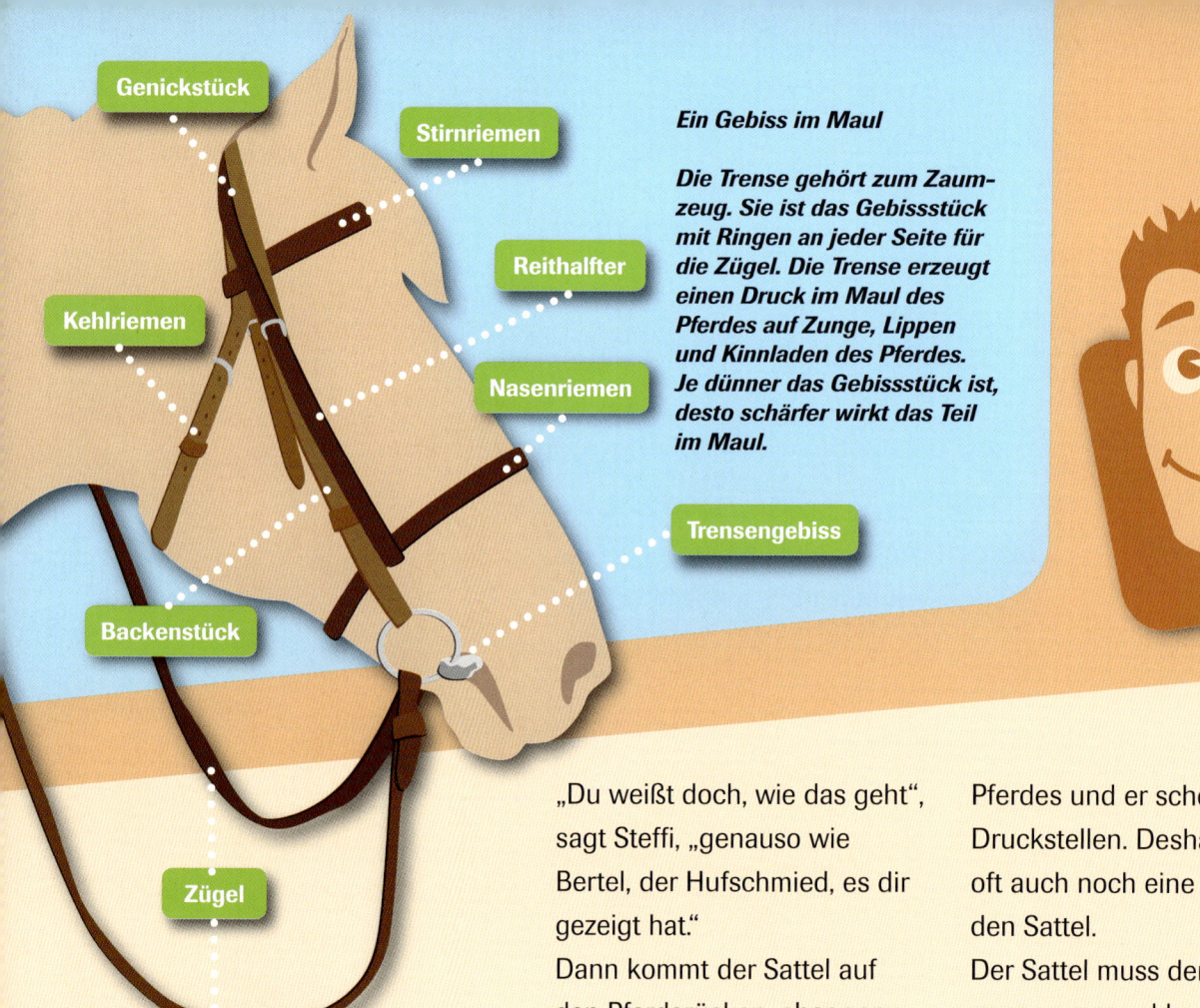

Ein Gebiss im Maul

Die Trense gehört zum Zaumzeug. Sie ist das Gebissstück mit Ringen an jeder Seite für die Zügel. Die Trense erzeugt einen Druck im Maul des Pferdes auf Zunge, Lippen und Kinnladen des Pferdes. Je dünner das Gebissstück ist, desto schärfer wirkt das Teil im Maul.

Putzen, pflegen und ein Pferd aufzäumen

Jetzt will ich es aber endlich selber mal probieren mit der Reiterei. Ich erinnere Steffi an meine erste Reitstunde. Ich bin ungeduldig. Aber es geht immer noch nicht los.
„Zuerst muss Duna geputzt werden", sagt Steffi und drückt mir eine Bürste in die Hand. Putzen ist wichtig, damit sich die Haut unter dem Sattel nicht wund scheuert. Dann werden die Hufe ausgekratzt, also gesäubert, damit es keine Entzündungen gibt.

„Du weißt doch, wie das geht", sagt Steffi, „genauso wie Bertel, der Hufschmied, es dir gezeigt hat."
Dann kommt der Sattel auf den Pferderücken, aber ganz langsam, damit sich Duna, die Schimmeldame, nicht erschreckt.

Der Sattel muss passen

Ein Sattel hat zwei Aufgaben. Er verteilt das Gewicht des Reiters auf dem Rücken des Pferdes und er schont vor Druckstellen. Deshalb kommt oft auch noch eine Decke unter den Sattel.
Der Sattel muss dem Pferd genau passen, klar. Ist ein Sattel zu klein, gibt es Druckstellen, ist er zu groß und scheuert hin und her, gibt es wunde Stellen. Und der Reiter muss sich im Sattel natürlich sicher fühlen. Die Steigbügel sollten so lang sein wie der Arm des Reiters.
„Jetzt müssen wir noch aufzäu-

Den ganzen Tag im Sattel

Sättel wurden ursprünglich nicht als Reitsattel, sondern als Halterung für das Gepäck erfunden. Heute werden viele verschiedene Formen zum Reiten genutzt. Es gibt verschiedene Sättel für verschiedene Reitstile. Der Rennsattel ist klein und wiegt nur etwa 220 Gramm. Der Dressursattel hat extra lange Steigbügel und der Westernsattel ist sehr breit und bequem, damit die Cowboys den ganzen Tag im Sattel bleiben können, ohne sich den Hintern wund zu scheuern. Am häufigsten verwendet wird der Vielseitigkeitssattel, der taugt für viele Reitstile, weshalb er auch zu Recht seinen Namen hat.

... ein sanftes Zupfen nur

Mit dem Hufkratzer reinigst du dem Pony die Hufe. Kratze dabei immer von hinten nach vorne!

men", sagt Steffi und schiebt Duna die Trense ins Maul. An der Trense sind die Zügel befestigt. Damit kann ich Duna dann lenken. Steffi ermahnt mich noch, nicht zu fest am Zügel zu ziehen.

„Ein sanftes Zupfen reicht als Signal", sagt sie, „viel Druck tut dem Pferd nämlich weh. Ein gut ausgebildetes Pferd reagiert schon auf deine Stimme oder einen sanften Druck mit dem Schenkel."

Zunächst reagiert Duna aber auf Steffi und nicht auf mich. Steffi gibt mir die Zügel nämlich gar nicht. Dafür befestigt sie eine lange Longenleine an der Trense. So kann sie Duna und mich von der Mitte des Reitplatzes aus führen.

Westernsattel

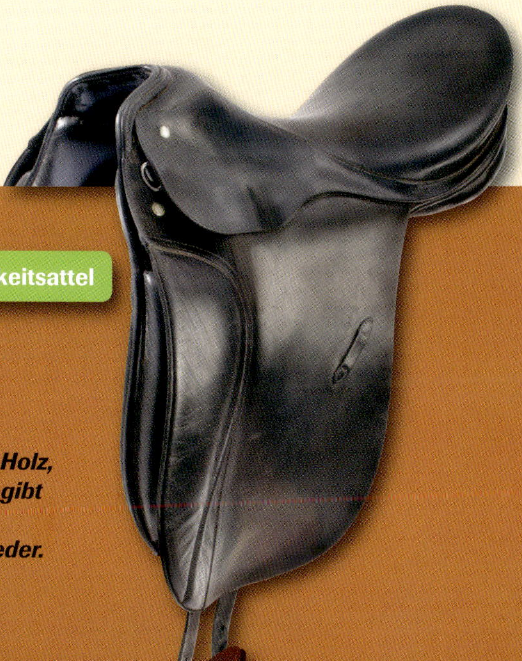

Vielseitigkeitssattel

Ein Sattel besteht meist aus einem Sattelbaum. Der ist aus Holz, Fiberglas oder Aluminium und gibt dem Sattel die Festigkeit. Der Sitzkörper selbst ist aus Leder.

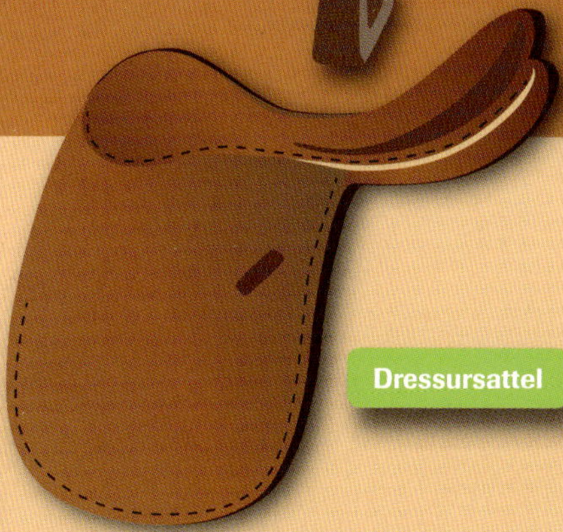

Dressursattel

Springsattel

> **Nichts für Sportmuffel!**

Endlich, die erste Reitstunde

Aber erst mal muss ich rauf aufs Pony. Also: Aufsitzen. Und bevor es mit dem Reiten jetzt richtig losgeht, will Steffi ein paar Bewegungsübungen mit mir machen.
„Leg dich mal hinten drauf, auf die Kuppe", sagt sie.
„Meinst du auf den Hintern?", frage ich. Ja, genau, das meint sie. Ich lege mich ganz weit nach hinten. „Steffi, du kannst mich wieder hochziehen!"
Als Nächstes soll ich mich hinknien. Hast du schon mal auf einem Pferderücken gekniet? Das ist gar nicht so einfach.
„Und was macht Duna?", frage ich ängstlich.

„Die halte ich fest", sagt Steffi. Bewegungsübungen sind gut für Pferd und Reiter. So lernen sie sich kennen. Außerdem ist Reiten nichts für unsportliche Menschen. Ich merke schnell, dass man nicht einfach wie ein Mehlsack getragen wird. Man muss ganz schön was tun auf so einem Pferderücken.

Gleichgewicht halten

Ferse, Hintern und Schulter sollen in einer Linie sein, erklärt Steffi. Auch das sagt sich so locker. Versuch das zum Beispiel mal auf einem Baumstamm! Nicht einfach!
Ein paar Runden führt mich Steffi mit Duna im Schritt an der Longe, der langen Leine.
„Und jetzt anhalten!", sagt sie. „Wie bitte bremst man denn ein Pferd?", will ich wissen. Aber da steht Duna schon. Und ich rutsche erleichtert aus dem Sattel. Ich glaube, das gibt ganz schön Muskelkater.
Steffi hat Duna für meine erste Reitstunde ausgewählt, weil Duna sehr geduldig ist. Und gut ausgebildet. Eigentlich macht sie alles alleine. Ich muss lernen, richtig zu sitzen und das Gleichgewicht zu halten. Zuerst geht's

> *Nee, ich glaub das nicht – das Pony steht ja falsch rum!*

„Der korrekte Sitz" bedeutet, jederzeit fest und sicher im Sattel zu sitzen, ohne sich an den Zügeln festzuhalten. Dazu musst du richtige Haltung einnehmen und Gleichgewicht trainieren.

natürlich im Schritt, erst später kommen dann Trab und Galopp. Und erst wenn das klappt und man ganz sicher ist, darf man selber die Zügel führen. „He, Duna, halt an, nein, nicht da lang, Duna-a-a!" Gut, dass Steffi dabei ist ...

Reiten lernen

Um richtig reiten zu können, muss der Reiter wissen, wie er auf dem Pferd sitzt, ohne es in seinen Bewegungen einzuschränken. Das heißt, er muss auch seinen Körper gut beherrschen. Und er muss sich mit dem Pferd eindeutig und klar verständigen können. Da nützt es gar nichts, „He, los!" zu brüllen. Pferde können nämlich auch stur sein wie ein Esel. Man muss eben freundlich und leise sein und mit dem Zügel und den Beinen die richtige Hilfe geben.

Reithelm

Zu deiner Sicherheit ist der Reiterhelm unbedingt erforderlich. Dieser Helm ist mit Samt bezogen und hat eine sehr stabile Schale. Mit Riemen lässt er sich festschnallen.

Du kannst zwischen Gummi- und Lederreitstiefeln wählen, welche du am liebsten anziehst, ist egal. Die Reitstiefel schützen deine Waden vor Prellungen. Die Absätze verhindern, dass du aus dem Steigbügel rutschst.

Reitstiefel

Reitgerte

Unverzichtbar ist die Reitegerte. Sie hilft, dem Pferd Anweisungen zu geben und dessen Aufmerksamkeit zu erreichen. Aber lass es dir vorher von einem Reitlehrer erklären.

Ponys sind sehr neugierig, deshalb beobachten sie immer gerne ihre Umgebung.

Nur Übung macht den Meister …

Eines ist mir jetzt klar: Reiten lernen – das braucht Zeit. Wenn ich ein guter Reiter werden will, muss ich noch viel mehr Stunden nehmen. Schritt, Trab, Galopp – das muss alles geübt werden und mit den Islandponys kann ich ja auch noch Tölt und Pass üben. Der Wechsel von einer Gangart in die andere sollte ja klappen. Und das Anhalten natürlich auch. Erst wenn ein Reiter das alles kann, darf er auch alleine reiten.

Wahrscheinlich hast du es schon mitbekommen und ich muss es dir gar nicht extra erzählen: Pferde sind ziemlich intelligent! Und die Ponys vom Oedhof sowieso. Pferde haben zum Beispiel ein gutes Gedächtnis und eine schnelle Auffassungsgabe. Sie lernen gern.

Deswegen macht es Steffi und Jessica, Werner und Renate auch so viel Spaß, die jungen Ponys einzureiten. Wenn sie etwa drei bis vier Jahre alt sind, kriegen die Tiere alles beigebracht, was sie als gutes Reitpferd können müssen. Das ist bei den Ponys vom Oedhof einfach. Sie sind von Fohlenbeinen an daran gewöhnt, von Menschen umgeben zu sein. Außerdem lernen die jungen Ponys hier nicht nur von Steffi und den anderen, sondern auch von den alten und erfahrenen Pferden. Pferde ahmen ihresgleichen nämlich gern nach.

> *... so neugierig will ich bleiben!*

> Hui, was ist das? Ob ich das essen kann?

Es merkt alles

Und Pferde sind Naturtalente, wenn es um Stimmungen und Gefühle geht, die sie sofort spüren. Sie merken also auch, wenn ein Reiter nicht gut drauf ist oder Angst hat. Dann werden sie mitunter selbst unsicher! Deshalb sollte man auch nie mit schlechter Laune oder Panik auf ein Pferd klettern, sondern möglichst immer ruhig und freundlich sein und sich aufs Reiten freuen.

Ach ja, und noch was: Pferde sind nicht nur neugierig, sondern auch ziemlich verfressen. Ich habe noch eine Karotte in der Tasche. Aber das hat Duna natürlich längst mitgekriegt. „He Duna!" Na bitte, ehe ich mich versehe, hat sie mir die Karotte geklaut!

Das macht aber nichts, denn die war ja für sie gedacht. Ich werde bald mal wieder herkommen und dann bringe ich noch viel mehr Karotten mit – für Duna, Faxi, Ötzi und all ihre Freunde.

Ausritt ins Gelände

Reitet man ins Gelände, müssen Pferd und Reiter viel Vertrauen zueinander haben. Pferde können nämlich sehr schreckhaft sein. Und wenn sie einen Schreck bekommen, dann bleiben sie nicht einfach stehen, sondern rennen los. Fliehen – das ist tatsächlich ihr erster Gedanke. Denn in der Natur gibt es viele Ereignisse, die ihnen einen Schreck einjagen können: Pfützen, Bäche, lose Steinbrocken, tiefer Sand, schmale Holzbrücken, ein plötzlich davonspringender Hase. Da ist es gut, wenn sich Pferd und Reiter kennen und wenn sich das Pferd vom Reiter beruhigen und führen lässt.

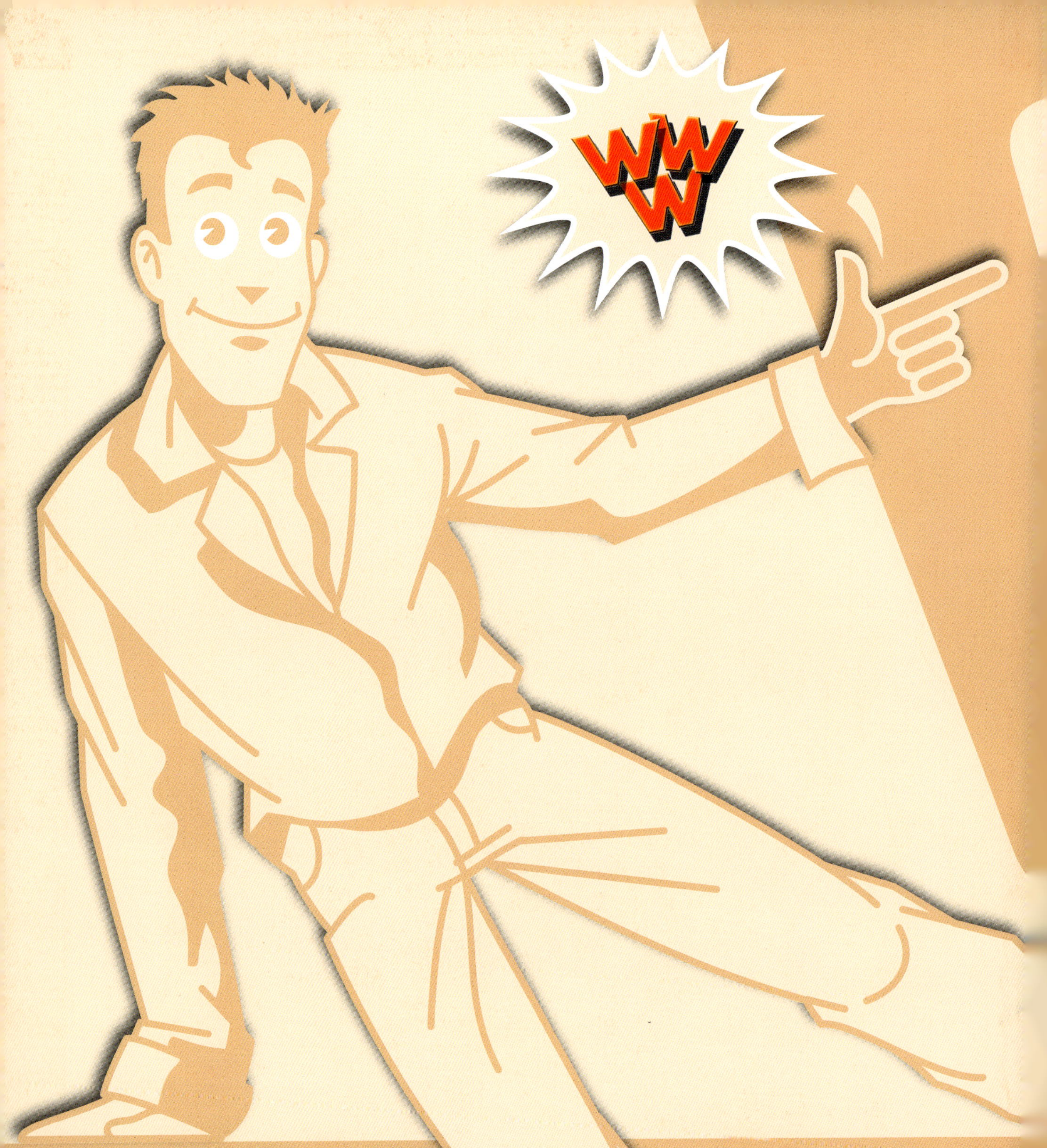